# First Picture Dictionary
## Animals

اولین دیکشنری تصویری
### حیوانات

Pig
خوک

Rabbit
خرگوش

Butterfly
پروانه

Fox
روباه

Illustrated by Anna Ivanir

www.kidkiddos.com
Copyright ©2024 by KidKiddos Books Ltd.
support@kidkiddos.com

All rights reserved. No part of this book may be reproduced in any form or by any electronic or mechanical means, including information storage and retrieval systems, without written permission from the publisher, except in the case of a reviewer, who may quote brief passages embodied in critical articles or in a review.
First edition, 2025

**Library and Archives Canada Cataloguing in Publication**
First Picture Dictionary - Animals (English Farsi Bilingual edition)
ISBN: 978-1-83416-420-5 paperback
ISBN: 978-1-83416-421-2 hardcover
ISBN: 978-1-83416-419-9 eBook

**Wild Animals**
حیوانات وحشی

Lion
شیر

Tiger
ببر

Giraffe
زرافه

✦ *A giraffe is the tallest animal on land.*
✦ زرافه بلندترین حیوان روی خشکی است.

Elephant
فیل

Monkey
میمون

# Wild Animals
## حیوانات وحشی

**Hippopotamus**
اسب آبی

**Panda**
پاندا

**Fox**
روباه

**Rhino**
کرگدن

**Deer**
گوزن

## Moose
گوزن شمالی

## Wolf
گرگ

✦A moose is a great swimmer and can dive underwater to eat plants!

✦گوزن شمالی شناگر خوبی است و می‌تواند برای خوردن گیاهان زیر آب برود!

## Squirrel
سنجاب

## Koala
کوالا

✦A squirrel hides nuts for winter, but sometimes forgets where it put them!

✦سنجاب برای زمستان آجیل پنهان می‌کند، اما گاهی فراموش می‌کند کجا گذاشته است!

## Gorilla
گوریل

# Pets
حیوانات خانگی

Canary
قناری

✦ *A frog can breathe through its skin as well as its lungs!*
✦ قورباغه می‌تواند از طریق پوست و ریه‌هایش نفس بکشد!

Guinea Pig
خوکچه هندی

Frog
قورباغه

Hamster
همستر

**Goldfish**
ماهی قرمز

**Dog**
سگ

◆ *Some parrots can copy words and even laugh like a human!*
◆ بعضی از طوطی‌ها می‌توانند کلمات را تقلید کنند و حتی مثل انسان بخندند!

**Cat**
گربه

**Parrot**
طوطی

# Animals at the Farm
## حیوانات مزرعه

Cow
گاو

Chicken
مرغ

Duck
اردک

Sheep
گوسفند

Horse
اسب

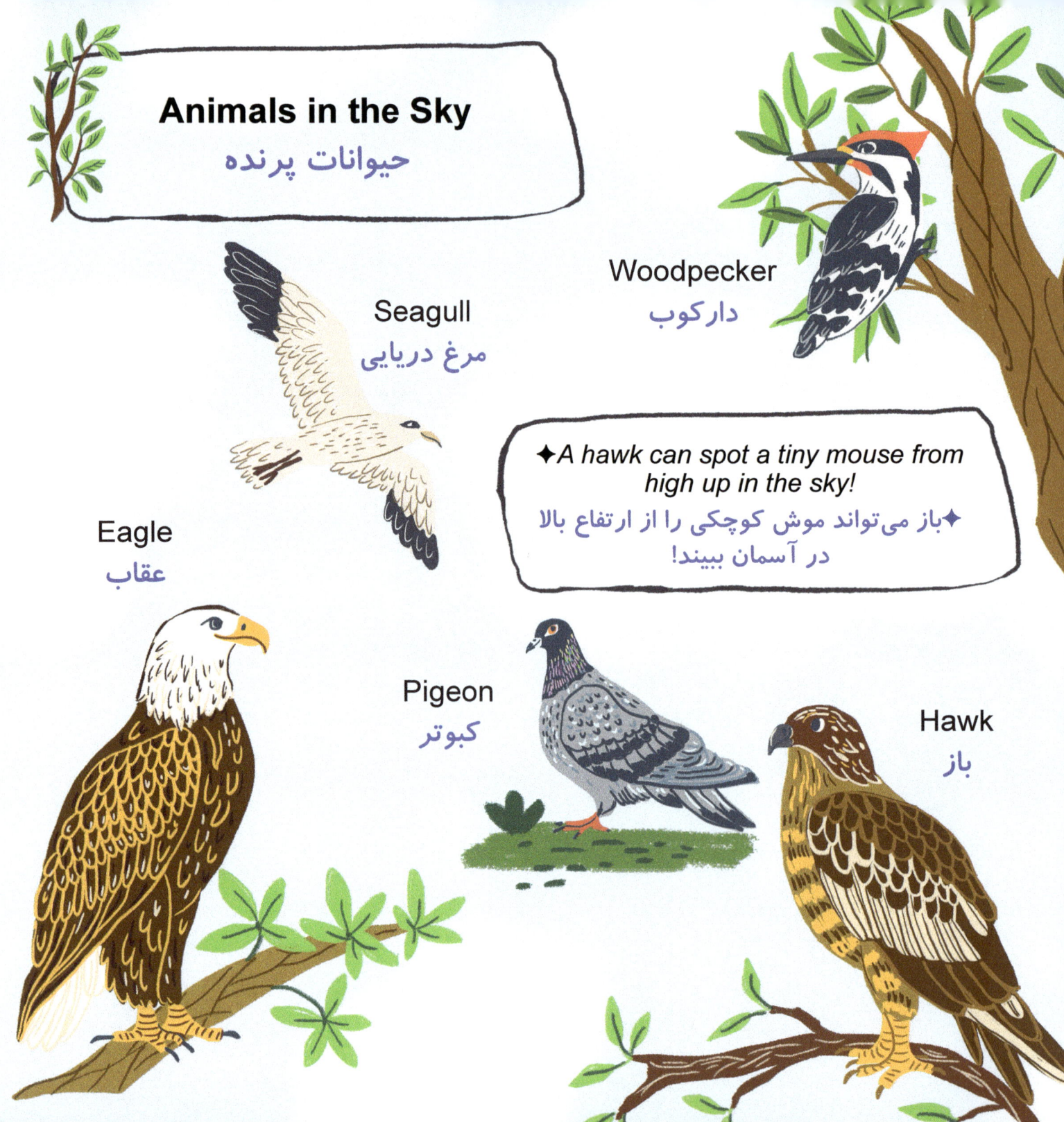

Mosquito
پشه

Dragonfly
سنجاقک

✦A dragonfly was one of the first insects on Earth, even before dinosaurs!
✦سنجاقک یکی از اولین حشرات روی زمین بود، حتی قبل از دایناسورها!

Bee
زنبور

Butterfly
پروانه

Ladybug
کفشدوزک

# Small Animals
## حیوانات کوچک

Chameleon
آفتاب‌پرست

Spider
عنکبوت

✦An ostrich is the biggest bird, but it cannot fly!
✦شترمرغ بزرگ‌ترین پرنده است، اما نمی‌تواند پرواز کند!

Bee
زنبور

✦A snail carries its home on its back and moves very slowly.
✦حلزون خانه‌اش را روی پشتش حمل می‌کند و خیلی آهسته حرکت می‌کند.

Snail
حلزون

Mouse
موش

# Quiet Animals
## حیوانات آرام

**Turtle**
لاک‌پشت

**Ladybug**
کفشدوزک

✦ A turtle can live both on land and in water.
✦ لاک‌پشت هم در خشکی و هم در آب زندگی می‌کند!

**Fish**
ماهی

**Lizard**
مارمولک

Owl
جغد

Bat
خفاش

✦ An owl hunts at night and uses its hearing to find food!
✦ جغد در شب شکار می‌کند و با شنوایی‌اش غذا پیدا می‌کند!

✦ A firefly glows at night to find other fireflies.
✦ کرم شب‌تاب در شب می‌درخشد تا کرم‌های دیگر را پیدا کند.

Raccoon
راکون

Tarantula
رتیل

# Colorful Animals
## حیوانات رنگارنگ

A flamingo is pink
فلامینگو صورتی است

An owl is brown
جغد قهوه‌ای است

A swan is white
قو سفید است

An octopus is purple
اختاپوس بنفش است

A frog is green
قورباغه سبز است

✦A frog is green, so it can hide among the leaves.
✦قورباغه سبز است، پس می‌تواند بین برگ‌ها پنهان شود.

# Animals and Their Babies
## حیوانات و بچه‌هایشان

**Cow and Calf**
گاو و گوساله

**Cat and Kitten**
گربه و بچه‌گربه

✦ *A chick talks to its mother even before it hatches.*
✦ جوجه حتی قبل از بیرون آمدن از تخم با مادرش صحبت می‌کند.

**Chicken and Chick**
مرغ و جوجه

**Dog and Puppy**
سگ و توله‌سگ

Butterfly and Caterpillar
پروانه و کرم ابریشم

Sheep and Lamb
گوسفند و بره

Horse and Foal
اسب و کره اسب

Pig and Piglet
خوک و بچه خوک

Goat and Kid
بز و بزغاله

www.ingramcontent.com/pod-product-compliance
Lightning Source LLC
LaVergne TN
LVHW072056060526
838200LV00061B/4750